Galápagos con amor

De norte a sur buscando el paraíso
..y encontré el amor

Ada Escalante Steffensen

Diseño de la portada y diagramación:
Alexander Mendoza +58 412 762 4494

Galápagos con amor

De norte a sur buscando
el paraíso y encontré el amor

ÍNDICE

DEDICATORIA

Este libro, ojalá el primero de muchos, se lo dedico en primer lugar a mi madre, a la cual le ofrecí algún día contar su historia, tanto lo bueno como lo menos agradable. Pero como ya no está, me faltan muchos detalles. Así que, lo que contaré será de mi memoria y de lo que ella contaba cuando hacía memoria del pasado. A mis hijas para que conozcan más quien es su madre, la exótica y maravillosa vida que he vivido hasta ahora y lo que me queda aún por vivir por la gracia de Dios. Que todo lo vivido no sea en vano, sino para inspiración de sus vidas.

A mi esposo por su paciencia y ayuda en los tiempos difíciles.

Y muy en particular a mi amiga y muy amiga de mi madre, María Eugenia Pinto, que siempre estuvo en todos los momentos difíciles y los alegres, que la hizo sonreír cuando la tristeza la invadía, y que la acompañó en todas las aventuras cada vez que viajaba a Guayaquil. Gracias por cuidarla cuando yo no podía hacerlo. Te estaré siempre agradecida.

Gracias Señor, mi Dios por ayudarme a caminar y siempre levantarme cuando tropiezo.

"Los que sembraron con lágrimas, con regocijo segarán.
Irá andando y llorando el que lleva la preciosa semilla;
Mas volverá a venir con regocijo, trayendo sus gavillas"
Salmos 126:5-6

INTRODUCCIÓN

Sentía la brisa del mar acariciando mi cara, los rayos del sol como espadas atravesaban mi piel. Estoy viva, es lo único que pensaba en ese momento, todo lo demás ya no importaba. Al escuchar el ruido de las olas al chocar con las rocas, sabía que era la última vez que te vería, y ya han pasado 43 años.

Aquella mañana de verano cuando iba a subir al avión que me transportaría a Guayaquil, qué poco sabía yo que me depararía la vida. Abandonarte Galápagos, ha sido lo más doloroso que he sentido. Pensaba en todas las maravillas que iba a experimentar, dejando a atrás todos mis recuerdos, casi huyendo sin darme cuenta de que lo que perdía era más grande de lo que yo me imaginaría. Aquí es donde todo empezó para mí y terminó para mamá.

Desde hace muchos años, cada vez que me preguntaban cómo había llegado a Noruega, les contaba la historia de mi madre, en grandes rasgos por supuesto.

Los que escuchaban se impactaban y me decían que escribiera la historia de mi madre. Pero yo pensaba, que gente tan exagerada. Ahora después de tantos años, he pensado si es verdad. Además de ser la historia de mi madre, es mi historia también, es la razón por la cual estoy yo en Noruega.

A pesar de que no todo he podido contar en este libro, quise que supieran lo más importante, aunque tal vez algún día cuente toda la historia y anécdotas.

Lo único que, si quiero recalcar, es que mi madre siempre trató de escapar, pero no pudo. Nadie la pudo ayudar, estaba en un país extraño y sin una red de ayuda, donde el hombre tenía la potestad sobre la mujer y los hijos.

Así que, un día hermoso a mi vida llegó el profesor Francisco Navarro Lara. Gracias, maestro, eres un genio. Gracias por incentivar a la gente a escribir.

CAPÍTULO 1

EL ORIGEN DE LA PANADERÍA

Se aproximaban las siete de la mañana y yo aún tenía sueño. Ya me había puesto el uniforme de mi escuela Pedro Pablo Andrade. La falda color kaki, con blusa blanca manga corta, calcetines blancos y zapatos negros. Siempre debía estar impecable y sin arrugas ya que las monjas hacían la revisión matutina, desde las uñas, el pelo, la cara, el uniforme y sin olvidar el pañuelo. ¡Siempre era de las primeras en llegar y no se esperaba menos de mí! Vivía a 50 metros de la escuela, aunque no creas que alguna vez me atrase, de eso me acuerdo por el castigo que recibía.

Mama limpiando una gallina

Mientras preparaba los libros, me acerqué a la cocina a despedirme de mamá y pedirle la bendición. "Bendiciones mamá" le dije, y apenas giró la cabeza para verme y me contestó, "bendecida hija". Ella sabía que podía confiar en mi criterio de vestir o de cumplir las tareas, todo lo concerniente a la educación. Siempre fui aplicada, estudiosa y cumplidora. Mientras salía en dirección a la puerta de la casa, me di vuelta y la observé por unos instantes para ver lo que ella hacía. Sus brazos robustos se agitaban con tal velocidad que creía ver una batidora viviente, que fuerza ema-

Mama en la panadería

naba de sus brazos. No era fácil amasar una arroba de harina, o sea, 25 kilos al día sin ninguna ayuda mecánica, solo sus manos. Me causaba compasión verla de esa manera. Su vida no había sido de lo más fácil, aprendiendo las labores del hogar desde muy temprana edad.

A Byorqui o Irene, como la llamaban debido a que no podían pronunciar su primer nombre Bjørg, la vida no le había sido de lo más amable.

Al ser ella la mayor de cuatro hermanos, le tocaba ayudar no solo con la limpieza del hogar sino también a cocinar, cosechar el pasto para los animales, los borregos y cabras, y también limpiar el pescado cuando se requería. No era poco lo que tenía a su cargo. Su madre sufría de fiebres reumáticas y pasaba mucho tiempo en cama sin poder ocuparse del hogar o los niños pequeños.

Mamá estudiaba en un internado de lunes a viernes para evitar el largo camino a casa, ya que eran más de 14 kilómetros de ida y vuelta. De esa manera, también se evitaba un poco de trabajo.

El alivio era los fines de semana que le tocaba quedarse a estudiar.

Este aprendizaje le ayudaría a ella, sin saber lo que le esperaría a futuro. Algo que ella nunca en su imaginación podría ni siquiera haber soñado, el vivir en una isla en el pacífico, habiendo nacido cerca del círculo polar nórdico a pocos kilómetros del Cabo norte.

Nació el 22 de noviembre de 1937, en la ciudad de Alta en la provincia de Finnmark, al norte de Noruega.

La isla de Seiland era el lugar donde radicaban, un lugar inhóspito, solo montaña y mar, poco o nada vegetación, esta tan al norte que los meses de invierno son tan largos que ni el sol se asoma en casi 4 meses, el frio, el viento, todo esto hace que sus habitantes se hagan uno con la naturaleza, son reservados, pero al mismo tiempo hospitalarios y de un gran corazón, más aun cuando el verano llega y se llena de luz y esperanza con los pocos meses de sol, se olvidan casi de inmediato lo largo del invierno, de no hablar del otoño, gris, lluvioso y el viento, que en vez de caminar tienes que ir agachado para que no te tira al suelo.

El 9 de abril de 1940, Alemania invadió Noruega con el ataque simultáneo de las ciudades costeras del país, desde Narvik en el extremo norte, hasta Oslo en el sur. Mamá tenía solo 7 años, y ya la vida la estaba marcando, avisándole que su existencia no sería como la de otra niña nacida en la misma fecha, pero en otro lugar del mundo.

Para esta época, Bjarne su padre, había hablado tanto de un viaje que él anhelaba hacer. ¡Nada más y nada menos que a las islas Galápagos! ¿Pero cómo? ¿De dónde había sacado esa idea?

La emigración de los noruegos hacia tierras americanas no era una novedad, ya que habían emigrado más de 800.000 noruegos a América del Norte, cerca de un tercio de la población de Noruega de entre 1825 y 1925. La pobreza en esta época era indudablemente inmensa, por lo que muchos soñaban con algo mejor.

Al llegar la guerra, los sueños se truncaron y tuvieron que hacer lo imposible por sobrevivir, al extremo de tener que huir de sus casas ya que los alemanes habían decidido quemar Finnmark. Tras obligar la evacuación de los habitantes del lugar, los que se opusieron huyeron hacia las montañas y se refugiaron en cavernas. En varios casos duraron muchos meses. Cuando al fin supieron que había llegado la paz, pudieron salir a ver el desastre que había quedado.

Bjarne había soñado con palmeras, una vida más fácil y poder pescar a su gusto. Su ilusión había nacido de los artículos leídos de las publicaciones de otros noruegos que habían alcanzado tierras lejanas, exóticas, listas para ser conquistadas.

Al culminar la guerra, el gobierno decidió reconstruir Finnmark. Esto implicaba la reconstrucción de las viviendas quemadas, sus barcos de pesca serian remplazados y todo volvería a la normalidad. Pero no, Bjarne ya tenía en mente lo que haría. Para esta época no era lo más común consultar con la familia lo que se haría, era solo tomar la decisión y embarcar a todos en la aventura, sin saber cómo ni cuándo terminaría, ni aun las consecuencias para futuras generaciones, a la cual yo pertenezco.

Al recibir su nueva vivienda y colaborar en la reconstrucción de las otras, pudo juntar el dinero suficiente para poder comprar los boletos para el viaje en el barco.

Su familia, estaba conformada por 6 personas: Bjarne el padre, Alvilde Nicoline la madre, la hija mayor Bjørg Irene Steffensen con 15 años y sus otros 3 hermanos Asbjørn, Rigmor y Anne-Lise. Luego, nacerían dos más que mi madre no conocería hasta pasados 31 años después.

Finnmark en llamas

CAPÍTULO 2

LA RUTA TRASATLÁNTICA. A UN PASO DEL SUEÑO

Es el año 1952, Finnmark todavía tiene claras huellas de la segunda guerra mundial. En Hakkstabben, la isla de Seiland en el fiordo de Alta, había un tema que se discutía constantemente alrededor de la mesa de la cocina de la familia Steffensen. El viaje, la nueva vida, ¡que aventura!

Ya estaba todo listo. Se había empacado hasta lo último que iban a necesitar. Llevaban baúles de madera, tinas de estaño, baldes de acero inoxidable y todo lo que se pudiera usar en un lugar que no sabrían lo que encontrarían, y además, como modo de subsistir y ganarse la vida ya que era lo que más sabían hacer. Bjarne también llevaba su propio barco de pesca su *"sjark"* (se dice al barco de pesca en noruego).

Iban a Galápagos, el archipiélago de Colón o islas encantadas. Este sueño de un paraíso en los mares del Sur se había afianzado y se había vuelto tan poderoso que la familia se embarcaría en un viaje extraordinario al otro lado del mundo.

Primero viajaron a Hammerfest. Tomaron el Hurtigruten (barco de turismo noruego que pasa por la costa y fiordos) a Bergen, de ahí el barco a Reino Unido y luego el ferrocarril al otro lado de Inglaterra. Finalmente, tomaron el barco de hacía a Ecuador, pasando por Cuba y el canal de Panamá, con una duración de más o menos dos meses.

Llegando a Ecuador, al puerto principal Guayaquil, había que esperar ahí también unos dos meses más, ya que el barco que los transportaría a Galápagos zarpaba cada tres meses.

A bordo del trasatlántico, no todo era aburrido. Bjørg estaría a punto de tener un cambio más en su vida. No sólo era suficiente con el cambio de ciudad, país y continente ya que, para ella con quince años, esas cosas no quedan tanto en la memoria presente, pero todo lo nuevo es interesante. Dejar atrás, en parte, el dolor de la guerra, el horror de ver su casa consumida por las llamas. Una infancia golpeada por los estragos de una guerra que no dejaría indiferente a nadie, y además el trabajo arduo en casa al cuidado de casi todos.

Ya estaban en curso en altamar, siendo ellos gente de mar y puerto, las aguas causaban calma en sus espíritus. Era al fin de cuentas una atmosfera ya conocida entre todo lo nuevo que se aproximaba a futuro, consientes o no que todo esto cambiaria sus futuros para siempre.

Salía a la borda del barco a refrescarse un poco. Huía también de las charlas que se hacían casi monótonas. Todos hablaban de lo mismo, comentaban y especulaban lo que iban a ser al llegar a Galápagos. Se trazaban planes y proyectos, bueno al fin de cuentas los mayores eran los que decidían y todos debían acatarse a lo que se dijera.

Ella ya se había fijado en él. Era mayor que ella, aunque no sabía exactamente cuántos años más, pero eso no importaba. Él se acercó y se miraron, ya desde ese momento supieron que iban a estar juntos o al menos eso se imaginaba ella ¿Será real o solo una ilusión? ¿Era acaso su imaginación que le jugaba una mala pasada? ¿O era la brisa del mar que engañaba su mente haciéndole creer que él estaba allí, que cambiaría su vida de una u otra manera?

Era la primera vez que sentía atracción por un chico. No había tenido ninguna oportunidad de conocer alguien antes, ya fuese por el trabajo, el estudio o por vivir en un lugar tan pequeño donde todos se conocían.

Trazó planes e hizo proyectos, todo sin saber siquiera el lugar donde iría o que se encontraría ahí.

La travesía duró alrededor de tres semanas, desde Inglaterra hasta Panamá, tiempo que se hacía eterno para poner pie firme en tierra. Su cabeza daba vueltas, pensaba una y otra vez si había sido una ilusión o si había pasado en realidad. Buscaba desesperadamente entre los pasajeros. Pensaba haberlo visto entre los chicos que se reían y jugaban las cartas, pero no, no estaba allí. Qué habría sucedido, no lo entendía.

El barco hizo una parada en Cuba, que para ese entonces aún no había sucedido la revolución, aunque tampoco le importaba mucho el asunto, eso era cosa de mayores. Me contaba mamá cuando se acordaba y con mucha alegría pensando en esos tiempos, de que habían pasado por Cuba luego de haber estado tantas semanas abordo y por fin pudieron ver algo más que mar, olas, gaviotas, la luna y las estrellas. Visitaron tiendas, casinos, y lugares de distracción, pero sin olvidar que jamás había visto algo así, a pesar de venir de Europa. Pero era una Europa que había sufrido los estragos de la segunda guerra mundial.

Aún soñaba con aquel muchacho que había visto. A ratos lo buscaba con su vista entre los demás pasajeros, pero se estaba dando por vencida.

Aprovechó a mirar todo lo maravilloso que había en ese lugar, las luces, y todo brillaba como nunca lo había visto. Edificios altos, luces en las calles, automóviles modernos, ¡qué cosa más bella! Y pensar que estaba en América. ¡Tanto progreso! Eso nunca se imaginó ni en sus sueños.

La alegría de la gente, los bailes, el colorido de los vestidos, las mujeres que movían sus caderas al caminar y los hombres que parecían estar orgullosos de ese lugar tan extraordinario, con palmeras y ese olor a mar tan fuerte que casi se sentía la sal en la nariz.

La música que se escuchaba eran ritmos totalmente desconocidos para ella, ya casi sentía que la cabeza le iba a explotar de tanta información.

No había tomado en cuenta lo que había de ver en esas tierras extrañas, pero no le era indiferente.

Todo lo contrario, la hacía sentir bien, siempre le gustó la música desde muy niña.

Su abuelo tocaba el violín y ella bailaba al ritmo de sus tonalidades.

Le encantaba pasar horas en la casa de sus abuelos. Ellos la querían mucho y entendían que cuando ella llegaba, significaba que en su casa había problemas, gritos y palabras fuertes que se decían.

Lo único que deseaba era huir, y cada vez que cantaba y bailaba sola, la tachaban de loca y la hacían callar.

Ella hasta pensaba que sí, a lo mejor estaba loca. Cuando le contaba a su abuela, le decía con mucha ternura, "no hija, no dejes de cantar ni ser feliz, son ellos los que están mal."

Su abuela era descendiente de los Lapones, o sea, hija de ellos, pero esto era algo de lo que no se hablaba.

Nadie quería reconocer ser un lapón, era mal visto y eran tratados como una raza inferior. Pero, mi madre aprendió a hablar algo de Sami. Su madre y abuela le enseñaron, aunque a su padre eso no le gustaba para nada.

Faltaba poco, los días se hacían largos en la espera de llegar a su destino. Ahora más aún, con la ilusión de un futuro junto al amor de su vida. Cuántas cosas habían cambiado en tan solo unos meses. ¡Qué increíble!

Después de haber estado unos días en Cuba, siguieron su rumbo y pasaron por el canal de Panamá. Éste era majestuoso, algo nunca visto antes, y pensar ahora que ese país, más adelante cambiaría por completo la historia de la vida de mi madre.

El paso por el canal sería sin ella saberlo, una metáfora de su vida. Un paso al otro lado, de un océano a otro, de una vida conocida a una totalmente desconocida. Un lugar que marcaría su vida futura, y no solo por pasar en barco, sino que este país también sería más tarde la fuente de sus lágrimas.

CAPÍTULO 3

LA LLEGADA A GUAYAQUIL, ECUADOR Y LUEGO A SANTA CRUZ, GALÁPAGOS

Guayaquil se veía a lo lejos, una ciudad portuaria del Ecuador, la más importante llamada "la Perla del Pacifico".

Finalmente llegaron a puerto, este sería el último lugar antes de llegar a Santa Cruz. Ahí debían esperar por el barco, pero este tardaría aún dos meses más.

Malecón de Guayaquil

Su padre ya tenía arreglado donde se hospedarían hasta el día de la salida. Él se había contactado con una persona danesa que vivía en Guayaquil, y él los ayudaría en ese lapso. Se hospedaron en un hotel pequeño en el centro de la ciudad cerca del rio. Este hotel sería luego en el futuro, la fuente de trabajo de mi madre.

Los días pasaban y más rápido de lo que se podía imaginar. Tantas cosas nuevas que ver, un idioma nuevo que aprender, no se les hizo nada difícil realmente. Eran muy jóvenes y captaban todo de manera rápida, además de saber el noruego, también sabían dos idiomas adicionales, el inglés y el alemán. Esto facilitó en gran manera el aprendizaje. Iban conociendo más de la cultura y los alimentos que eran totalmente extraños para ellos ya que estaban acostumbrados a comer pescado y papas por lo general. Estos eran los alimentos que tenían a mano, más aún después de haber vivido la guerra, sin alimentos necesarios, lo poco que había se racionaba para que durara el mes. El azúcar, por ejemplo, era un bien preciado. Comer una naranja era un lujo que aún antes de la guerra, solo se comía para navidad como algo muy especial. Lo mismo que la banana o guineos como se dice en Ecuador.

Ahora allí podían disfrutar de todo tipo de fruta sin límites. Ya solo eso era un paraíso para alguien que venía de tan lejos, con pocos meses de sol, con un invierno crudo y oscuro.

Después de haber esperado tantas semanas, llego el día esperado.

Guayaquil llego a ser casi un oasis, un respiro, un tiempo para poder empezar a pensar que harían al llegar, cuanto tiempo tardarían en acostumbrarse a su nueva vida. Una vida que no tenía ningún punto de comparación con lo que había dejado atrás.

Por fin podrían estar todos juntos y poder compartir con otros de su mismo país que ya habían llegado antes que ellos y los acogerían, para que no se sintiesen tan solo, allí no solo había noruegos, sino varias otras nacionalidades que también buscaban lo mismo que ellos, paz y tranquilidad, un paraíso en las aguas remotas del pacífico

Esta hermosa ciudad seria para mi madre un lugar donde siempre regresaría, sería su base de partida, de idas y venidas, sus amigas, la familia, todo en su futuro estaría conectada con esta ciudad, como un puente entre lo que fue y lo que será, entre el pasado y el futuro, entre el dolor y la alegría, una ciudad que la acogería a su llegada y a su partida. La llenaría de gozo, felicidad, se sentiría arropada por todos los que aprendieron a quererla y apreciar el amor a la patria que la acogió

Como el pasillo ecuatoriano, Guayaquil de mis amores que dice "tú eres perla que surgiste, el remoto inmenso mar, y en jardín te convertiste".

Ahora estarían abordo, casi el mismo tiempo que habían tardado desde Inglaterra a Guayaquil, ya casi no importaba el tiempo que se tardaría, estábamos más cerca que nunca de la meta final

Barrio las peñas, Guayaquil

Puerto Ayora, Santa Cruz

El día que ellos tanto habían soñado, había llegado por fin. Ya estaban en Santa Cruz, Galápagos. En ese momento, ellos buscaban el lugar que les habían indicado donde podrían hospedarse. Les habían prestado una casa, o, mejor dicho, iban a compartir una casa con una familia llamada Graffer. El señor tenía dos hijos, era separado y su casa era bastante grande.

Llegaron a ese lugar y se instalaron. Todo parecía muy bien. Pero, a sorpresa de ellos, el lugar no era tan maravilloso como su padre se había imaginado. Era un lugar árido, lleno de lava y cactus. No había palmeras ni esas playas con arena blanca como todos habían soñado. Era bonito, no es que estaba mal, solo que no era como imaginaban en un principio. Ahora debían acostumbrarse a la idea de que esto era lo que tenían y ver lo que iban a hacer.

El lugar era bastante cómodo, y como no había tanta gente en esa época, se podía en cierta manera adueñarse de cualquier terreno que uno quisiera. Con tal solo señalar el lugar que uno quería, uno construía su casa ahí y listo, ya era suyo.

Como su padre, mi abuelo, había llevado su bote de pesca, lo primero que hizo apenas llegaron fue instalarlo. En ese tiempo, muchos se dedicaban a la pesca en la isla. Hoy en día lamentablemente no es así, el turismo es el que manda ahí.

Pasaron los días y llegó a la casa Erling Graffer, el hijo del señor Graffer. Apenas mi madre lo miró, se dio cuenta que era la persona con la que ella había soñado o con la que en ese momento se había imaginado haberse cruzado en el barco. Pero ahora lo estaba mirando, no era parte de su imaginación, era realmente él. Su corazón saltaba de su pecho y sabía en ese preciso momento que se había enamorado de él. ¿Pero qué podía hacer, con solo 16 años? ¿Qué podía hacer? Nada, solo esperar que él le respondiera. Y claro, no paso mucho tiempo hasta que finalmente lo hizo. Ella era joven y él un poco más grande.

Su padre pasaba cada vez más tiempo pescando y lejos de casa, con los dos hermanos menores de Bjørg. Su otra hermana era más pequeña, por lo cual se quedaba en casa con ella y su madre. Su padre, cada vez más tiempo pasaba pescando y lejos de casa.

Santa Cruz

CAPÍTULO 4

TU LADO, SOLA
EN EL PARAÍSO

La relación de Bjørg con Erling empezó a crecer más y más con el transcurso de los días. Su relación era un romance y mi abuela se había dado cuenta de que pasaba algo entre los dos, pero que era algo serio. Sabía ella también de que mi abuelo no lo aceptaría. Bjørg era joven y tampoco conocían muy bien a la gente de ahí, pero ella ya estaba decidida de lo que quería. Él era el hombre de su vida. Como el padre estaba lejos pescando, le pidió a su madre que los llevara al juzgado y que le diera el permiso para casarse. Por su suerte, así lo hizo.

El escándalo fue tan grande cuando llegó su padre al enterarse de que su madre le había otorgado el permiso para casarse y sin que él supiera. Esto no fue nada lindo, más bien, fue muy desagradable.

Mi madre se fue a vivir con Erling, su nuevo esposo, y no pasó tanto tiempo hasta que quedó embarazada. Tuvo su primer hijo a los 17 años, pero por desgracia a la semana falleció a causa de la fiebre amarilla. En ese tiempo no tenían la medicina para combatirla, ni la ayuda u hospitales para internarlo.

Luego de un año y medio o dos, el padre de Bjørg, ya estaba cansado de no poder pescar debido a que no era época de pesca en Ecuador. El solo quería pescar todos los días como solía hacer en Noruega. Se dio cuenta de que esto no era para él, no era la vida que se había imaginado para él. Tomó lo decisión de irse junto a

Los primeros hijos de mi madre

su familia y vender todo lo que habían traído. Pero claro, el problema era que Bjørg ya había formado su familia ahí, junto a su esposo y ahora esperando otro hijo. A su padre no le importaba eso, él solo quería que ella se volviera con ellos, pero ella se rehusaba a irse.

Mi madre sabía que en el fondo capaz estaba tomando la decisión incorrecta, pero tampoco quería regresar a la vida que tenía allá. Era una vida de sufrimiento, de trabajo diario, sin poder estudiar, con el riesgo de meterse luego con otro hombre. Por lo menos allí donde estaban, ella estaba con el hombre que amaba.

Mis abuelos se fueron tristes, mi abuela más aún. Bjørg tuvo su primer hijo y rápidamente después tuvo otro, esta vez era una niña.

Como Erling tenía un bote de pesca, también de vez en cuando salía a pescar. Lamentablemente, mamá se dio cuenta poco a poco, que más que gustarle pescar, le gustaba tomar. El alcohol era lo que dirigía su hogar. Erling tomaba muy a menudo y bastante. Tampoco le gustaba trabajar, era lo que menos le gustaba.

Hasta entonces, su madre, la suegra de Bjørg, se había separado de su esposo y se había vuelto a casar con un hombre americano. Ellos estaban viviendo en Panamá, por eso señalé al principio que sin saberlo cuando el barco pasaba Panamá, éste sería un lugar que marcaría la vida de mamá para siempre. Su suegra empezó a visitarlos muy seguido a la casa donde vivían, la casa que les había regalado el padre de Erling. A su vez, la casa estaba cerca de la casa de su suegro. Como ellos en Panamá tenían mucho dinero, les traían mercadería desde allá, como también conservas, latas y todas las cosas americanas cada vez que visitaban. Era emocionante para ellos todo eso, pero claro, también le traía alcohol a Erling. Su esposo guardaba las conservas en el armario, pero le ponía traba a la puerta para que Bjørg no tuviera acceso a ello. Eso era de él y solo para él. Como ella no tenía con que alimentarse ni alimentar a sus hijos, hacia lo que sabía hacer, comida y pan.

Poco a poco, las visitas de su suegra eran más frecuentes. En la casa de mi madre ella hacia lo que ella quería. Le cambiaba los muebles de lugar, le cambiaba las cortinas, y básicamente daba vueltas su hogar. No pasaron más de dos años cuando se le ocurrió la brillante idea a su suegra de que debían irse los cuatro a vivir a Panamá, o sea, Bjørg, Erling y sus dos hijos. La idea no era tan descabellada, ya que sería más fácil para ella tenerlos cerca y no estar siempre viajando a Galápagos para ver a sus nietos.

Bjørg inocente y sin darse cuenta de lo que le esperaría, decidió irse a Guayaquil donde alquilarían una habitación, para luego poder viajar hacia Panamá. Su suegra, antes de regresar a Panamá, astutamente les dijo que tendrían problemas con emigración debido a que sus hijos eran pequeños y que ella los estaba ayudando a buscar una casa allá en Panamá. También les dijo que tendrían que firmar un papel para mostrarles a las autoridades, que teóricamente era para que los niños pudieran entrar a Panamá sin problema, ya que era territorio de Estados Unidos. El papel que mamá firmó, sabiendo o no sabiendo, era la adopción de sus hijos. Es tan duro pensarlo, que a lo mejor pudo haber reaccionado, pero estaba tan ciega de amor y confiaba tanto en su esposo. Pensaba cómo él siendo el padre, haría algo en contra de sus hijos.Firmó el papel pensando que estaba haciendo lo mejor, y ella se llevó a los niños.

Al cabo de unos meses, ella regresó a Guayaquil por el esposo de mi madre. Le dijo que ellos dos debían irse juntos ya que le había conseguido trabajo, pero que Bjørg no podría irse con ellos porque no había espacio suficiente para ella. Ella debía esperar un tiempo y luego irían a buscarla. Ella confiaba en su suegra.

Pasaron los meses y él regresó. Mamá anhelaba tanto a sus hijos. Nuevamente estaban juntos y él le dijo que volvieran hasta Galápagos para poder vender la casa que tenían ahí para luego llevarse ese dinero a Panamá. En ese entonces, Bjørg se dio cuenta que nuevamente estaba embarazada, ella estaba contenta de tener otro hijo más. Cuando llegaron a Galápagos le contó a su esposo la noticia, pero él no creía que el hijo fuese suyo. No quería saber nada con ese niño, solo le importaba vender la casa. Ahí es cuando Bjørg vio quién era su esposo en realidad, cuando se le cayó las mascara que escondía su verdadero yo. ¡Él le había vendido a su madre sus hijos, se los había regalado! Bjørg no existía para él. Le dijo que no valía nada, que era un cero a la izquierda.

A mamá no le quedo otra que ir al juzgado y pedir el divorcio. Gracias a Dios, él le dejó, aunque sea quedarse con la casa. Cuando finalmente él regreso a Panamá, mamá desesperadamente se fue a Guayaquil para luego buscar la manera de también poder irse a Panamá a buscar a sus hijos.

Mi madre en ese entonces trabajaba en un pequeño hotel donde se habían hospedado apenas llegados a Guayaquil. Tuvo la suerte de conocer al cónsul que estaba en ese tiempo en Ecuador y a su esposa. Ellos se la llevaron a vivir a Quito ya que no iba a poder hacer nada debido a que, al firmar el papel, no tenía derecho a sus hijos.

Juntos se fueron a Panamá. Bjørg tenía la dirección de la casa de su suegra. Cuando llegaron, la señora solo dejó que mi madre entrara a la casa, ya que sus amigos no tenían nada que ver con lo ocurrido. Su suegra era una persona muy arrogante, déspota y le dijo que los niños no se encontraban ahí en ese momento, no los iba a poder ver. Mamá y sus amigos tuvieron que regresar al hotel.

Todos los días Bjørg se iba a la casa de su suegra para mirar en donde estaban los niños, pero se escondía para que no la viera Erling ni su suegra. Después de insistir por cuatro días, el cónsul le dijo que ya no había más que hacer, desgraciadamente los había perdido. Ella había firmado ese papel, y su suegra jamás se los iba a dar. Con el rabo entre las piernas, mamá volvió con el peso en su corazón, pensando de que ella había firmado ese papel, sin querer dando en adopción a sus hijos, sus tesoros más apreciados. Qué dolor más grande, qué destecha más grande el estar sola.

Decidió volver a Galápagos, el lugar donde estaba su hogar, donde sabría cómo salir adelante y donde la esperaba su otro niño. Regresó con su hijo, el que le había quedado de ese matrimonio. Se instaló de nuevo en su casa e hizo lo que más se le veía bien hacer y que había aprendido en su niñez, hacer pan y hacer comida.

Tenía sus clientes fijos a los que les vendía, y cocinaba para todas las personas que deseaban comer en su casa. Siempre iban los mismos a almorzar, ellos eran trabajadores en la estación de investigación Charles Darwin en Santa Cruz. También cuando venían los barcos de turismo, ellos le compraban el pan. De una u otra manera, este fue su modo de subsistir y seguir adelante sola con su hijo.

Tortugas gigantes, galápagos

Después de un año, entre los clientes que venían a comer apareció otro hombre. Supuestamente, este sería el hombre que la rescataría del dolor que estaba pasando, aunque tampoco fue así. Él era mucho mayor que Bjørg, casi 25 años mayor, y ella pensaba que capaz esto sería mejor, alguien la arropara y protegiera. Pero él también le gustaba tomar.

Mi madre salió de un lado y entró a otro igual que el anterior. Con él tuvo una niña, pero él se fue apenas quedó embarazada debido a su trabajo. Él era inspector de pesca, y estuvo ausente durante todo el embarazo. Cuando nació la niña, Bjørg le envió un telegrama para darle la noticia y para que volviera cuando quisiera para conocerla. El regresó y decidió quedarse con ella por la niña.

Luego, tuvieron otro hijo. En ese lapso querían irse a vivir a San Cristóbal ya que él había conseguido trabajo allí. Cuando estaban empacando sus cosas, él le dijo que lo mejor sería vender la casa ya que mi madre era extranjera y no debía tener ninguna propiedad en Ecuador. Ella pensó que capaz él tenía razón. Firmó otra vez el papel, y vendió su casa. Con ese dinero se fueron a Guayaquil para ver si él podía conseguir otro trabajo. Resultó luego que con parte de la venta de la casa pudieron comprar una casa más pequeña, pero lo que él tenía en mente era irse con otra mujer. Él se quería llevar a los niños y dejar a mi madre sola. Gracias a Dios, Bjørg se enteró a tiempo de sus planes. Le dijo que a él no se llevaría a sus hijos, ella ya había perdido dos hijos y no dejaría que nadie le quitara los que le quedaban. Le dio la opción de quedarse o irse, pero los niños se quedarían con ella. Mas que bien, se quedó y regresaron a San Cristóbal. Nuevamente allí empezó su lucha con él y con los niños.

Playa de los marinos, San Cristóbal

A sus hijos nunca se les permitió saber que tenían dos hermanos, estaba totalmente prohibido hablar de eso porque ella era mujer y estaba mal visto que tuviera otros hijos que no fueran con él. Él había estado casado anteriormente y también tenía dos hijos con ese matrimonio, pero eso no importaba porque él era hombre, mi madre solo debía aguantarlo.

Lo que él ganaba de sueldo con el gobierno, lo usaba casi en su totalidad para pagar el arriendo de la casa y el resto para tomar. La historia se repetía. Bjørg seguía trabajando, haciendo pan, tortas, gelatinas y helados. Día y noche trabajando para poder alimentar a sus hijos, darles estudios y comprarles los uniformes para el colegio.

Así seguía su vida, todos los días una lucha para salir adelante en un paraíso que realmente no existía. Con el dolor de haber perdido dos hijos y sin saber cuándo los volvería a ver. Solo Dios sabría que pasarían más de 30 años hasta que ella los volviera a ver.

Playa en San Cristóbal

CAPÍTULO 5

EL REENCUENTRO DESPUÉS DE 25 AÑOS

Una mañana, recibieron sorprendentemente algo muy inesperado, un telegrama. Si lo leíste bien, era la época del telegrama. No tenían ni teléfono (ni móvil ni fijo), televisión y menos internet ya que no se había creado aún. Así que, si alguien quería comunicarse tenía que llamar a la central de telefónica, que claro no estaba a la vuelta de la esquina. Tenían que caminar un buen tramo, por lo cual te avisaban antes para darte tiempo de ir a la central y esperar la llamada. Los que no podían llamar, mandaban un telegrama. Si te puedes imaginar que sí se enviaba una carta por correo normal, tardaría uno a dos meses en llegar. El barco que venía con mercadería del continente zarpaba cada dos semanas y ya eso era un adelanto. El barco traía, aparte de víveres para las tiendas de abastecimientos, combustible y correos. Luego llegaría por avión, pero ya más adelante.

Bueno, el telegrama decía o mejor dicho avisaba que Alvilde y Bjarne Steffensen llegarían a San Cristóbal en enero de 1977, y estarían con nosotros por cuatro semanas. Mi madre casi se desmaya, no entendía nada. ¿Qué paso? Nosotros peor aún, que íbamos a entender.

En Noruega, había pasado algo que nosotros no teníamos ni idea. La hermana menor de mi madre, o sea, la menor que ella conoció Anne-Lise, le había escrito a una revista llamada "Hjemmet", traducido al español significa "Hogar". Esta revista semanal traía una sección llamada "ønskebrønn" que sería algo así como el "pozo de los deseos". En

Mi madre en San Cristóbal, comprando una gallina

este apartado, cualquier persona podía enviar su petición o deseo. Anne-Lise lo hizo casi un año antes, o sea en 1976, pidiendo por favor que sus padres pudieran visitar a su hija mayor, o sea mi madre, la cual habían dejado atrás hacía ya casi 25 años, y que nunca más volvieron a ver. Esto por supuesto llamó la atención de la revista, por lo cual se pusieron en marcha para poder hacer el reportaje que les significaría a ellos una venta de al menos seis reportajes semanales. Tenían tema suficiente, la combinación perfecta, Galápagos y una aventura noruega.

Lo grande o magnifico de todo esto era que ellos llegarían en enero de 1977 y nosotros ya teníamos listo nuestro traslado al continente hacia Guayaquil para marzo del mismo año. En otras palabras, un poco más y no nos encontrarían.

Las razones de nuestro traslado eran varias. Entre las que se decían en voz alta, era que íbamos a educarnos en una mejor escuela, y que mi papa había recibido el traslado de su trabajo a Guayaquil, lo cual era una verdad a medias.

Volviendo a la visita de Noruega, teníamos que trasladarnos a Baltra la isla Seymour donde se encontraba el aeropuerto. En San Cristóbal también había uno en ese tiempo, pero lo habían inaugurado muy recientemente. Mi madre y yo viajamos a Baltra para recibir a mis abuelos. El trayecto lo hicimos en la lancha de la base naval de Galápagos. En ese entonces, yo estaba de novia con el teniente de la marina que era también el capitán de la lancha. Yo solo tenía unos 14 años, es increíble mirar hacia atrás y pensar que lo veía tan normal. Estaba casi a punto de repetir la historia de mi madre, pero no sucedió, gracias a Dios.

La isla de Baltra, el aeropuerto

El día tan ansiado había llegado, ¿vendrán? O se habrán arrepentido. Mi madre me cuenta, aunque pensé que no era verdad esto, como fue posible que ellos llegaran hasta este lugar tan lejano. Otra vez atravesando medio mundo para volver a ver lo que se les había perdido, su hija.

Los nervios la invaden, camina de un lado a otro del pequeño aeropuerto de Baltra, tan pequeño que en tres pasos o un poquito más y ya estaba recorrido. "¿Cuándo bajarán del avión?, creo que podre reconocerlos, ¿o no? Cuánta angustia en todo mí ser, ¿que pensaran ellos de mí? Ya pronto lo sabré", pensaba ella. Al fin, ellos fueron los últimos pasajeros, como para hacer la espera más tormentosa. Aparecieron tres figuras que no parecían ser de Ecuador por lo menos. Era su padre, su madre y el reportero de la revista. Mi madre se preguntaba: "¿Qué hago? ¿Les doy un abrazo? ¿Me acerco? No sé qué hacer". Ellos también estaban helados a pesar del calor que podía derretir hasta el polo norte. La humedad nos hacía sudar, pero el encuentro los tenía petrificado a los tres. ¿Quién empieza? Habían pasado 20 años al menos, ¿qué se les dice a unos padres que no has visto en tanto tiempo?

Su madre se acerca y le dice en noruego por supuesto, "hola Bjørg, takk for sist" una expresión que se usa en noruego cuando no has visto a la persona en hace un tiempo, y le das las gracias por el último tiempo que estuvieron juntos. "Hola", le dijo mi madre. Se abrazaron cuidadosamente, como con temor de que se iba a desaparecer la imagen y la ilusión que se había formado. Era casi un espejismo. Ella tenía miedo y pena a la vez. Tanto dolor que les había causado a ellos por las decisiones que había tomado, pensando solo en lo que ella quería. Pero el daño ya estaba hecho y no se podría dar marcha atrás. Ahora tenían que tratar de aprovechar cada minuto del tiempo que tendrían juntos, que no iba a ser suficiente para poder compensar los más de 20 años de separación.

La única foto del reencuentro mis abuelos con mi madre

Poco a poco comenzaron a intercambiar palabras. No puedo decir que fue una conversación, más un monologo. Le costaba mucho encontrar las palabras en noruego, eran pocas las veces que tenía oportunidad de practicarlo. De vez en cuando, pasaba algún yate de turistas que hacían la vuelta al mundo y la parada obligatoria era Galápagos, así que en esas escasas ocasiones podía chapucear algo.

Su idioma era casi una mezcla de todo, pero ellos parecían entenderla por lo menos. Mi abuela la observaba como queriendo adivinar lo que su rostro marcaba por el sufrimiento, todo lo que no le había contado. Pero no era necesario, ella entendía. Mi madre con 40 años parecía casi igual que a la suya con 64 años. Su padre se acercó casi pidiendo permiso para abrazarla. Para él, ella era igual que una desconocida. Ya no era la joven alegre que él había dejado atrás de 17 años.

La vida los había trasformado a todos, pero ellos no lo pudieron ver juntos para saber el día a día. No se podía recuperar en una semana o dos todo lo que se había vivido. Se habían comunicado por carta siempre, pero no es lo mismo. Una carta, 3 o 4 veces al año, nunca podría compensar el calor de un hogar.

Después de unos minutos juntos, teníamos que trasladarnos a la isla de Santa Cruz donde nos hospedaríamos en el hotel Sol y Mar. Su dueño era el compadre de mi madre, o sea, mi padrino de nacimiento. Todo el viaje hacia el hotel, conversaban de todo y nada, poniéndose al día con las noticias. A mi abuela se le dibujaba una sonrisa leve en sus labios, parecía una Mona Lisa. No sabía qué actitud tomar, se apenaba de ver a su nieta y no poder entablar una conversación con ella, ni siquiera un saludo.

Mi madre nunca tuvo la oportunidad de enseñarme a mí ni a mi hermano Ramiro su idioma nativo ya que nuestro padre se lo había prohibido. Ramiro y yo éramos los últimos de todos los hermanos, y los únicos que eran hijos de mi padre. Él era mayor que mi madre, o sea, 24 años mayor que ella, y además de tener una autoridad en su voz y sus gestos, no le permitía a mi madre que nos enseñara nada. "Ellos nacieron aquí", le decía continuamente y "deben hablar castellano, nada más será permitido." Aun así, fue contra sus espaldas varias veces.

Cuando éramos pequeños, como de 6 y 5 años, nos leía en noruego los libros de cuentos que mi abuela le mandaba en los paquetes que llegaban una vez al año. Era una fiesta cada vez. Los paquetes eran enormes no solo con libros, sino que también traían revistas, comida, el famoso "brunost" o queso de cabra, y los "fiskeboller" en lata (bolas de pescado enlatado).

Al menos así podía sentir el sabor noruego de vez en cuando para no olvidarse de todo. Ella escondía los libros hasta que él saliera de viaje, que a veces podían durar hasta tres meses. Así aprovechaba para ir enseñándonos algo, aunque fuese escuchar el sonido de la pronunciación. Mis padres, a veces en vez de decirme Ada me llamaban Yoli. Ellos me decían que yo era muy inteligente, que captaba todo y aprendía muy rápido.

Por desgracia diría mi madre, por el entusiasmo de mostrar lo que yo sabía, le hablé un día en noruego delante de mi padre mientras que él estaba tomando, estaba borracho. Esto se destapó en una ira y pelea con golpes, hasta que encontró los libros que había escondido. Con tanto celo, hizo una fogata en el patio de la casa y quemo todo.

En esas llamas también se quemaron las ilusiones de que sus hijos aprendieran su idioma, que tanta falta le hacía para poder trasmitirnos algo de ella. En esa hoguera se extinguieron sus sueños. Lo único que mi padre nunca pudo lograr fue que ella se desistiera o renunciara a su nacionalidad noruega, nunca lo hizo. Le da tantas gracias a Dios por eso, de lo contrario, jamás hubiese podido salir de ese infierno, como más tarde lo haría, y junto a sus hijos.

Llegamos todos al hotel. Ellos se fueron a descansar por el largo viaje que habían hecho dando vuelta por medio mundo para verse. El reportero de la revista aprovechó el momento para entrevistar a mi madre. Yo estaba sentada a su lado, y como yo no entendía nada, ella se desahogó y le contó la triste historia.

Le contó de la partida de sus padres de vuelta a noruega y de todo lo que le había tocado vivir, del robo de sus hijos y el desengaño de él que creía era el amor de su vida. Nosotros no conocíamos la historia de mi madre, esto no nos podía contar, estaba mal según lo que decía mi padre. ¿Qué diría la gente? Así que, además de sufrir el no poder tener a sus hijos, también le quitó el derecho de hablar de ellos.

Pasamos dos días en el hotel, también fuimos a visitar a nuestros amigos noruegos que vivían en la parte alta de Santa Cruz, en Bellavista. Los Kastdalen vivían aquí desde antes que nosotros llegáramos a esta isla en 1935. Ellos habían llegado junto con los Graffer, Sigurd, Solveig y sus dos hijos Arne y Erling, el que luego sería el esposo de mi madre.

Platicamos con Torvald, que en ese tiempo aún vivía. Sus hijos, Torvaldo y Maria eran jóvenes, y él se había casado con una ecuatoriana llamada Corina. Ella era una mujer que siempre había estado con él, en todo y para todo, y era trabajadora como pocas. Sus padres también vivían, pero ya estaban bastante mayores. Con ellos compartían anécdotas y recuerdos de cuando vivían con mis abuelos. Luego regresamos a San Cristóbal, que era donde vivíamos en ese entonces.

La casa donde vivíamos en San Cristóbal hasta marzo de 1977

Puerto de San Cristóbal

Mis abuelos reflejaban tristeza en sus rostros que trataban de ocultar pero que se les hacía muy difícil viendo a su hija, abrumada por el trabajo, desgastada y apagada.

Ya quedaba poco de lo que Bjørg alguna vez había sido. Se había convertido en una mujer sufrida y casi podría decirse amargada, frustrada por no haber podido cumplir su sueño de tener una familia normal dentro de lo posible.

Los días pasaron y ellos trataban de conocer algo de la vida de su hija. En ese momento, antes de que ellos partieran de nuevo, les prometió casi en silencio para que nadie se diera cuenta, que algún día se volverían a ver nuevamente.

Pero esta vez en su país, en Noruega.

CAPÍTULO 6

DEJANDO ATRÁS LO VIVIDO

Era marzo de 1977, estábamos listos para irnos a Guayaquil, así lo había decidido Luis Rafael Escalante Castro, el que mandaba sobre nuestras vidas, el que sabía lo que era mejor, según su criterio.

Mi padre había viajado antes que nosotros para arreglar nuestra llegada al continente, o sea tener un lugar donde vivir. Yo Ada o Yoli como me solían llamar, estaba con el corazón hecho un puño. Sentía que esto sería el final de muchas cosas vividas, de recuerdos que se quedarían en la memoria y en la piel. Como vería un día reflejado en un anuncio donde hice rehabilitación por una enfermedad, que decía lo siguiente "Tu cuerpo recuerda lo que tu mente trata de olvidar". Tanta verdad en esas palabras, aunque en 1977 no sabía lo que ocurriría más adelante, pero mi cuerpo si lo recordaría.

Llegó la hora de partir. Hacía calor como nunca, no sé si era por el sol o por todo lo acumulado en el cuerpo, o por la reciente ida de mis abuelos y todas las impresiones que me habían causado, o porque instintivamente sabía que no volvería nunca más al lugar que me vio nacer, o al menos no hasta el día de hoy.

Mi novio de ese entonces había partido una semana antes que yo, y para ser del todo sincera, esta era realmente la causa de nuestro cambio de continente. Cuando mi padre supo que él se trasladaría a Guayaquil, movió cielo y tierra para hacer lo mismo, ya que no soportaría que la gente hablara de mí y de que me había abandonado sin cumplir la promesa de casarse conmigo. Qué errado estaba, la gente hablaba igual. Después ellos se olvidarían de lo sucedido, pero a mí me cambio la vida de un solo golpe, causando estragos hasta muchos años después.

El león dormido frente a San Cristóbal

Llegamos a Guayaquil, mi madre se sentía otra vez que le arrebatan su vida. Lo que apenas había podido forjar con esfuerzo, su panadería, su sustento, lo que nos daba de comer y vestir, ¿ahora qué iba a ser de nosotros? Ella pensaba cómo íbamos a hacer si ni siquiera teníamos un lugar donde vivir.

Los primeros meses estuvimos arrimados en la casa de mi tío Lautaro Escalante, hermano de mi padre. Él y su familia eran cuatro, y en su casa tenían dos habitaciones. Mi padre entonces decidió que mi madre y yo nos quedaríamos allí y ellos los varones irían a la casa de su sobrina en otro lugar de la ciudad.

Al cabo de unas semanas de búsqueda, encontró algo que, según él, era lo que podía pagar, y claro, él nunca pensaba más allá. Por la desesperación de salir de Galápagos, no pensó que su sueldo no cambiaría, lo que significaba que lo mismo iba a ganar aquí como allá, pero con la enorme diferencia que aquí se tenía que pagar TODO.

En la isla gozábamos de un cierto privilegio al ser mi padre inspector de pesca. La mayoría vivía y se sustentaba de la pesca, algo que significaba según sus propias palabras "tener el sartén por el mango". Esto era que él decidía sobre la gente y los demás, y para llevarse bien con él y tenerle de buena, le tenían que traer pescado, langosta, y todo lo que a él se le antojara. De esa manera, chantajeaba a la gente. "Ya sabes," les decía, "si no me traes, ya verás cuando vengas por el permiso para zarpar a la pesca". A ellos no les quedaba otra que obedecer. Esa misma autoridad ejercía sobre nosotros, tanto en forma de disciplina como castigos rudos, que hoy en día se llamarían maltrato y no castigo.

Más de una vez tuve que presenciar como maltrataba a mi madre. Hasta que un día me levanté de mi cama cuando él la tenía tirada en el piso con un cuchillo en la garganta, gritándole "te mato, te mato". Yo me abalance contra él sin pensar lo que a mí me sucedería, solo quería salvarla. Lo agarre por el cuello y le gritaba, "¡tú la matas y yo te mato a ti!". Así que la soltó, tiró el cuchillo y salió de la casa. Se fue directo al bar y desapareció por unos largos días. ¡Qué alivio! Desde ese día, nunca más volvió a tocar a mi madre y ahí mismo me hice yo un juramento que lo he cumplido hasta el día de hoy. Jamás nadie me pondrá una mano encima. Yo solía decir cada vez que alguien se me acercaba, "solo te advierto, aún no ha nacido el hombre que me ponga una mano encima".

Era casi una rutina diaria y muy a menudo, que mi padre llegara borracho, gritando, sin importar la hora que fuese. Nos levantaba a todos, empezando por mamá que tenía que hacerle de comer y nosotros que debíamos sentarnos a escuchar las historias que contaba. A nuestra edad, eso nos parecía casi especial. Todo lo que le contaba era entretenido, siempre lo hacía interesante. Contaba del tiempo de la guerra y de todas sus aventuras. Teníamos que escuchar sino ya sabíamos lo que nos pasaría por desobedecer, nos esperaría nuestra amiga, la vara. Entienda el que pueda.

Nos instalamos en la vivienda que habían alquilado en la calle Venezuela, entre Guerrero Valenzuela y Portete, una casa antigua de madera, por no decir vieja, con un solo dormitorio y baño en el patio. ¡Qué horror!, sentía que habíamos llegado a la pobreza máxima. Y otra vez mi madre hizo lo que siempre se le daba mejor, los panes y los helados. A pesar de que era un primer piso, era alto y no tenía posibilidad de atender por la ventana. Se las ingenio como pudo poniendo un cartel al pie de la ventana. Los compradores llamaban y se les abría la puerta para atenderlos. Esto nos ayudó otra vez a salir más o menos para delante.

Para este tiempo, ya mi padre había dejado de tomar, pero eso no lo hacía más amable, por lo contrario, busco un chivo expiatorio para descargar su rabia de no poder tener al menos un poco más de comodidad y amigos. Así que se las agarro conmigo, bueno al menos dejaría a mi madre descansar un poco de sus abusos.

Empecé el colegio en la nocturna ya que no había alcanzado a matricularme en la mañana. Que feo, yo que siempre madrugaba, aunque sea ahora teníamos televisión, todo era nuevo para nosotros.

Me encantaba ver las publicidades, hasta me acuerdo de muchas, "jabón de rosas", "la llama de kerex llama", y "mentol chino". Los primeros días cuando veíamos tele en la casa de mi tío, me pasaba por detrás del televisor para ver donde se iba la gente. Que inocencia y que ignorancia tan bendita.

Hay veces que he pensado como las cosas se enlazan en la vida. Hay veces que creemos que es coincidencia habernos topado con alguien o que alguna cosa pasa por casualidad. Ahora sé, después de haber conocido a Dios, que las casualidades no existen. ¿Por qué digo esto? Llegando a Guayaquil me tuvieron que llevar a una óptica ya que mi vista estaba muy mal desde hace mucho tiempo. Pero como no teníamos dinero para comprar los lentes, tampoco íbamos a ir a chequear sin poder comprar nada. Mi padre consiguió que le prestaran dinero en el trabajo y me llevó a la óptica. Me compré mis primeros lentes a los 14 años, habiendo tenido necesidad ya desde los 12 más o menos.

Unas dos semanas después de la compra, bajando del bus que me traía del colegio, sufrí un asalto en la calle y me robaron los lentes. Que tragedia, no solo por el trauma que sufrí al ser la primera vez en mi vida que esto me sucedía, pero además no sabía de donde iba a sacar otros lentes que tanto me hacían falta para estudiar. Otra vez, mi madre tendría que solucionar el problema. Lo único que mi padre me dijo fue, "yo ya cumplí, no tengo donde más sacar dinero." Luego, volvió otra vez a atacarme con el reproche que ya se había hecho una costumbre a la hora de la mesa, "por culpa tuya estamos así, sino hubiese sido por ti, nunca hubiésemos salido de Galápagos." ¿No fue acaso él que tomó la decisión?

Mi madre volvió a pensar en su patria para buscarme socorro y rescatarme de este infierno. Esta vez no podría pedírsela a sus padres que recién había visto.

Sentía vergüenza a pesar de que ellos siempre la ayudaron cuando les pedía, como esa vez hace muchos años cuando su esposo la abandonó embarazada de su tercer hijo. Tuvo que pedirles ayuda ya que su embarazo se había complicado y tenían que operarla, pero eso significaba dinero. Resulto al final, que ella tenía un tumor y se lo pudieron extraer para que no perdiera la criatura.

Esta vez, el grito de ayuda fue a la iglesia noruega. Ellos amablemente le contestaron que ellos correrían con todos los gastos, pero que teníamos que comunicarnos con la misión noruega que estaba en Guayaquil. Gran sorpresa se llevó mi madre, ella nunca pensó que había gente noruega allí. Ella se contactó y muy poco después llegaron a nuestra casa, y con un poco de vergüenza los recibió. Ellos no encontraban la dirección, pero al darse cuenta de que en una ventana se divisaba el cuadro pintado en una pared con el retrato de tres niños rubios, pensaron, debe ser aquí. ¿Quién más puede tener tres niños rubios en este barrio?

Este fue, sin saber para nosotros, el inicio de una relación que serviría de puente para nuestra ida a Noruega.

En esta época que me tocaba ir al colegio por las tardes/noches, aproveché mucho el tiempo. Aparte de hacer mis tareas, también conversaba más con mi madre ya que estábamos solas en la casa por la mañana. Me armé de valor y le pregunté de una vez por todas, "¿quién era Graffer?" Ella quedó petrificada. "¿De dónde sacaste ese nombre muchachita de carajo?"

"Mamá" le dije. "Ya tengo 15 años, por favor, no soy tonta. He escuchado entre cortado conversaciones. He captado nombres y números y nada me cuadra. ¿Recuerdas un día que llegó una señora de otra isla a visitarte? Tú te pusiste nerviosa cuando ella te preguntó cuántos hijos tenías, y ustedes se pusieron a hablar en inglés. Five le respondiste, ¿por qué? Si somos 3."

Ella agacho su cabeza casi con vergüenza, empezó a titubear, y no sabía cómo empezar a contarme lo que había sido un gran secreto en su vida.

"No te sientas mal" le dije. "Solo tengo curiosidad ya que cuando estábamos empacando para venirnos a Guayaquil, encontré en el baúl de tus cosas un papel que decía 'casada con Graffer'. Me sorprendió, pero no dije nada para que no tuvieses problemas con papa. Pero creo que ya es hora de que me cuentes de una vez lo que pasó."

Puso sus manos en la cara, como tapando su rostro para ocultar su desdicha y su dolor, además de la vergüenza que sentía de haber sido ella la que firmara el papel de la adopción. Después que me contara todo, nos abrazamos y me dijo, "ahora te mostrare las fotos de tus hermanos." "¿Y cómo tienes tú fotos de ellos?, ¿acaso los viste después de que te fueras de Panamá?"

"Hija, lo que pasa es lo siguiente", y me conto. Erling se había vuelto a casar con una señora llamada Leonila que era de Panamá (¿coincidencia?). Ella seguramente se había enterado por medio de él de lo que había sucedido con los niños. Empezó a escribir y mandarle fotos de ellos, desde que estaban en la escuela, y cada cierto tiempo le contaba cómo les iba en la vida. Así mi madre pudo sentir al menos que ellos estaban cerca de alguna manera y pudo tener parte, aunque de lejos de sus vidas.

Se notaba la tristeza en su rostro mientras narraba lo que había sucedido. Ella nunca pudo desahogarse con nadie de su dolor por temor a represalias por parte de mi padre. Ahora podía entender muchas cosas, las piezas calzaban. Tantos secretos detrás de las puertas, tantas conversaciones a medias que escuchaba desde muy temprana edad. Como ella misma me decía, "tienes una mente privilegiada, captas todo al momento. Hay que tenerte miedo, no se te puede ocultar nada", y eso sigue siendo igual hasta ahora. Me sonrió ahora al pensarlo.

Nos dimos un abrazo como nunca nos habíamos abrazado. Ya no era un abrazo de madre a hija, sino de mujer a mujer. Pude sentir mi cabeza sobre su pecho. Todo el peso del dolor que había cargado por tanto tiempo, por fin había encontrado una confidente, alguien que no la juzgaría, ni la señalaría por sus malas decisiones. Me incliné a su oído y le susurre unas palabras con todo mi amor, "yo te ayudaré para que un día conozcas a tus hijos".

Pero esto no iba a quedar así, no podía dejar impune tanta injusticia. Así que le dije, "voy a confrontar a mi padre, caiga quien tenga que caer." Me arme de valor y le dije casi de igual a igual, "¿con qué derecho usted le tapó la boca a mi madre para que no hablara de su pasado? ¿No es usted acaso un hombre casado y divorciado, con un hijo del cual usted se siente tan orgulloso? Lo mínimo que puede hacer ahora es pedirle perdón a mi madre. Ella no tiene la culpa de haber sido engañada por la persona que se suponía tenía que cuidar de ella."

En mi interior tiritaba de miedo. Pensaba, ya se va a levantar y me va a dar una bofetada, como solía hacer cuando le faltaban las palabras. Pero me mantuve firme. El me respondió casi de una manera insólita y sonriendo, "siempre quise que fueses abogada como tus primos en Quito, defensora de los afligidos y oprimidos." Se dio media vuelta y salió a la calle. Mi madre me miró y me dijo "¿cómo te atreviste a hacer eso? ¿No te das cuenta de que te pudo haber pegado?" A lo que le contesté,

"¡pero no lo hizo! Ahora ya no tienes nada más por lo que temer. Eres libre, no más secretos."

Esa es una de las razones por la cual hoy en día yo detesto las mentiras, y huelo enseguida cuando me mienten. Tengo una habilidad que Dios me ha dado para desenmascarar a los que ocultan cosas.

Pasaron muchas más cosas que en este momento no viene al caso contar, que tienen que ver más conmigo que con ella, y es por ella y para ella que escribo esta historia.

Lo mío a lo mejor vendrá después.

La familia completa única foto juntos

CAPÍTULO 7

DE VUELTA A TU INICIO, Y AL FINAL DE TODO

Se acercaba la hora de la partida hacia Noruega. Una aventura que estaba por empezar, ¿o es acaso una escapatoria de todos los problemas que ya existían desde mi temprana existencia?

Era el 27 de agosto de 1980, una nueva etapa de mi vida estaba a punto de escribirse. La historia se repite, esta vez en sentido contrario. Me iría hacia el norte en búsqueda de mis raíces.

Ramiro con Laura en su bautizo

Lo logré con la ayuda de la familia misionera en Guayaquil, la familia Torp, Arnulf y Anne-Lise, a quienes les entrego mi cariño con mucho afecto por haber permitido que Dios los usara como canal de bendición para que pudiésemos venir a Noruega.

Primero viajó mi hermano menor Ramiro con solo 15 años. Partió con rumbo a la tierra de nuestra madre, sin saber que allí también terminaría su vida tras un trágico accidente automovilístico el 16 de diciembre de 1993. (Dejando 3 hijos menores Erik de 10, Sandra de 8 y la menor Victoria de tan solo 8 meses de edad) Otro golpe nefasto para mi madre, otra vez la vida le arrebataría lo que más quería, su hijo, el menor, el mimado, el consentido de todos, el sietemesino como le decíamos cuando se le consentía. Ni siquiera pudo ella estar en su entierro.

Para este tiempo, mi madre estaba en Guayaquil y a mí me tocó ser la portadora de tan conmovedora noticia. Llamé por teléfono a la casa donde se hospedaba, la de los Peña. El pastor Ney Peña contestó, "hija ¿qué te pasa?". El siempre lleno de cariño, me trataba como a su propia hija de los cuales yo también era muy amiga, Susy, Dianita, Jimmy y Sonia. "Llame a mi mami por favor" le contesté. Eran las dos y media de la madrugada en Ecuador. Mi madre se puso al teléfono, un silencio profundo de los dos lados. Ella rompió el hielo con estas palabras, afirmando, "Ramiro está muerto, ¿verdad?" Cómo pudo haberlo sabido, no lo sé. ¿Será eso que llamamos instinto materno?, tampoco sé. Lo único que sé es que duele y mucho. La herida no se sana fácilmente, toma muchos años dejar de sentir el vacío de los que ya no están.

Volviendo a mi viaje, aunque no importa tanto ahora los detalles de lo que a mí me sucedió, pero es importante saber de cuándo ella vuelve por primera vez a Noruega después de su partida en 1952.

En septiembre de 1983, nacería mi primogénita, Laurita Irene, mi compañerita, mi muñeca. Mi padre quiso que mamá fuera a estar conmigo los primeros meses después del parto.

Ella llegó en agosto, faltándome un mes para dar a luz. Pero antes teníamos que hacer lo que ella anhelaba más en este mundo, visitar su pueblo, su lugar de donde partiría todo. Así lo hicimos. Yo tenía fecha para el 20 de agosto y sacamos boletos para mediados de octubre, calculando el tiempo después del parto. Pero como siempre en estos casos, las cosas no salen como uno desea. Laurita nació el 10 de septiembre, lo que significaba que yo me tenía quedar esperándola en Oslo o debía irme con ella y correr el riesgo de viajar con un bebe de un mes. Opté por lo segundo. Vi en su rostro el pánico de ir sola, eran 31 años desde que no había estado allí. No podía hacer otra cosa que acompañarla.

Las 4 generaciones Mi madre, mi abuela, yo y Laura mi hija

La llegada de ella fue un festejo a lo grande, Bjørg que venía de América. A mi apenas me miraban, pero que importaba eso. Mamá era feliz viendo de nuevo a su familia, sus hermanos, y dos más que habían nacido después de que ella se fuera. Hacíamos broma con eso, necesitaron dos más para poder cubrir el puesto vacío que ella había dejado. Bjørg era especial, nadie podía cubrir su puesto por más hijos que tuvieran, era única.

Mamá luego volvió a Ecuador como había acordado con papá, pero ya había quedado en ella la espina de qué pasaría si ella se decidiera en volver a su tierra y establecerse otra vez allí.

Pasaron cinco años, y yo viaje a Ecuador de visita. En esta ocasión ella me preguntó y esta vez en noruego por si acaso que

Mama con su padre

las paredes tuviesen oídos, si había posibilidad de que ella se fuese conmigo. Yo quería ayudarla, pero le dije que se lo tomara con calma, que no hiciéramos las cosas apresuradas. Debíamos tener un plan bien hecho.

Y así fue. En 1988 envíe el boleto de avión para que ella viniese de "vacaciones" sin que mi padre sospechara nada. La relación era bastante buena o mejor dicho aceptable, pero había muchas cosas desconocidas a mí que habían sucedido mientras ella había estado conmigo unos años antes.Además de tanto dolor acumulado, ella no quería volver, ni a trabajar ni a estar más con mi padre. Le sugerí que esperara a contarle sus planes unos meses, ya que las cosas en frio resultan más fáciles para luego tomar decisiones. Pero ella no aguantó, le dijo a mi padre que no volvería más.

Lo que yo no sabía, era el otro lado de la historia, que cuando yo la mandé a buscar, él le puso una condición, que era la de firmar los documentos de traspaso de las propiedades que habían adquirido, un departamento, una casa y el auto. Ella firmó, y con eso, su sentencia de quedarse en la calle. Ella nunca pensó que él iba a hacer lo que hizo. Al parecer no había aprendido que no debía firmar a pesar de lo que le dijeran. Él le había dicho que era una mera formalidad, para qué si él quisiera luego ir a Noruega también, poder vender sin problema y sin que ella estuviese presente. Yo creo que él ya sospechaba que ella no volvería.

Comenzó a hacer su vida de a poco en el país que para ella era aún extraño, no sentía que fuese su hogar. Pero tenía paz, que en ese momento era lo que más necesitaba. Vivió conmigo casi 2 años, hasta que decidimos que era lo mejor vivir cerca, pero separadas. Ella aún me veía como su niña, pero yo ya era una mujer, una madre con mi propia vida. Es en ese momento es cuando ella me comenta que había estado en contacto con Leonila, y me preguntó si deseaba ir a Florida a conocer a sus hijos, mis hermanos. Por supuesto me dijo que no me perdiera la oportunidad, pero que tampoco tuviera expectativas de que me recibirían, para ellos yo era una extraña. No sabíamos qué parte de la historia les habían contado a ellos.

El viaje fue para ella un círculo que tenía que cerrar. Se encontró con ellos y lo que era de suponer, la recibieron bien como a cualquier otra persona. Eran amables pero distantes, no se puede esperar más, no hubo nunca un acercamiento hasta ese momento cuando ya tenía 40 años. Creo que solo en las películas resulta esto de que se abrazan y es como que siempre han estado juntos, pero es comprensible. No llegamos a saber qué historia se contó del otro lado del charco, como dicen en España, refiriéndose a América

Lo constructivo de este viaje fue saldar su deuda con la que aun vivía, la que originó todo el daño, un daño que traspasaría generaciones, dañando, no solo la vida de mi madre, sino la de dos niños inocentes que fueron quitados del regazo de su madre injustamente. Todo por el egoísmo de una persona que no podía ver más allá de sus narices, y también nosotros que salíamos perjudicados, como un daño colateral. Indirectamente también nos afectó, al habernos quitado el gozo y alegría de vivir algo que se contagia en el espíritu.

Para este entonces la señora, la innombrable, estaba postrada en una cama con un derrame, ocasionado tres años antes. Cuando mi madre llegó, ella ya estaba en el hospital y no podía comunicarse, no hablaba. Mi madre la observaba, ni siquiera con rabia, sino como preguntando, ¿es este acaso el castigo que tuvo que sufrir por el daño ocasionado? No lo sabremos nunca. Ella se acercó a la cama y al parecer la señora no la reconoció o trató de mostrar eso. Mamá le habló en noruego, y ella abrió los ojos como queriendo decir, 'no entiendo lo que dices'. Mamá le preguntó, "¿sabes quién soy?" Ella contestó con la mirada que no, pero mamá insistía, "si, tú sabes bien quien soy, pero no te preocupes, no he venido a reclamar nada. Ya lo que hiciste no se puede remediar. El daño ya se hizo y no hay vuelta atrás. Tendremos que vivir con el resultado de nuestros actos. Lo que yo he venido ahora a hacer a este lugar, es a perdonarte. Si, sé que me estás escuchando y que me entiendes, así que te digo, te libero de toda culpa. Ahora ya puedes irte en paz."

Ella seguía en su cama haciendo como que no entendía nada. Mamá se sentó, oró y le leyó unos versículos de la biblia. Luego se levantó y se dirigió a ella diciéndole "adiós, Solveig". Dio vuelta para salir, pero giró por última vez para ver su rostro. La señora ya no estaba con signo de interrogación en su mirada, sino con lágrimas en los ojos. Así entendió que ella había recibido el mensaje.

De vuelta a Noruega se enteró que ella había fallecido dos semanas después de la visita al hospital. Al fin podría descansar. Esperó hasta el final para que mi madre la perdonara.

Mamá permaneció unos años más, hasta que la nostalgia la invadió. Ella extrañaba demasiado Ecuador, pero tenía miedo de decirlo. Ella pensaba en todo el sacrificio que yo había hecho para traerla. Creía que me enojaría si me lo contaba, pero yo ya lo imaginaba, lo podía ver en su mirada. Cada vez más, veía como soñaba con el calor, el ruido de la gente en las calles, ir al mercado, conversar con la vecina de la esquina y sentirse viva, en otras palabras.

Nada de esto había en Noruega. Era la patria que la había visto nacer, pero ella ya no pertenecía a este lugar. Había puesto sus raíces muy lejos de aquí, ya su corazón estaba dividido como aquella vez que su padre le preguntó "¿por qué no regresas a Noruega con nosotros?" Ella le diría, "porque tengo dos hijos que anhelo algún día poder ver, y si me voy, estaré más lejos de ellos y será más difícil viajar. En cambio, aquí en Ecuador estaré siempre más cerca." Que poco sabía ella de esto.

Se decidió otra vez emprender el viaje de vuelta, pero ahora ya no tenía donde llegar. Mi padre había vendido todo, y el mismo estaba alquilando una habitación. El dinero se lo había "prestado" a su hermana, y como ella había fallecido, nadie dio razón de eso.

Llegando a Guayaquil, se quedó en la casa de una amiga, doña Carlota Mariscal. Mi madre la quería tanto, pero llegó a tener un problema muy grande, nunca se sintió en casa. No importaba que tan bien la trataran, siempre extrañaba algo que nunca supe que fue. Yo creo imaginar ahora que lo que ella más quería, era tener un hogar, vivir en paz y tranquilidad sin problemas, ni borracheras, ni discusiones. Pero eso no pudo ser.

Intentó varias veces ir y venir, estuvo viajando muchos años de esta manera. Pasaba seis meses en Ecuador y seis en Noruega, hasta que un día en el 2014 se enfermó. Le había dado cáncer, lo vi apenas la recogí en el aeropuerto. Pasó de estar en mi casa dos días a estar casi muerta 8 semanas en el hospital. Yo siempre al pie de su cama, era lo mínimo que podía hacer. ¡Y sucedió el milagro, se sanó!

Después de dos años el cáncer había desaparecido. Hasta los médicos se sorprendieron, le habían dado tres semanas de vida. Esperó recuperarse lo más que pudo, pero no soportó más. Ecuador era como un imán para ella, no lo podía controlar, era más fuerte que sus propias fuerzas.

Una tarde, conversando con ella, tomábamos un café juntas, tal vez uno de los últimos que tomaría con ella. Siempre me decía, "me haces el café más rico. Solo tú sabes como a mí me gusta." Mientras saboreamos ese último café, me dijo, "hija me voy a Ecuador, pero esta vez sí es para siempre. Ya no me quedan fuerzas para seguir viajando tanto, la ruta es muy larga y mis huesos ya no resisten más." Que le podría decir a ella, que había dado su vida entera por estar con nosotros.

Solo le pregunté, "¿eso te hará feliz mamá?" "Sí", me contesto. "Entonces hazlo, ya nada te retiene aquí. Siempre estarás en mi corazón y te recordare para siempre."

Esta vez partió para nunca más volver.

Cuando me di vuelta para salir después de haber observado a mi madre trabajar, debía apresurarme a la escuela, sino llegaría tarde, un dolor invadió mi cuerpo y mi alma, nadie conocía lo que yo vivía en casa, tenía que guardar la imagen, ser la niña obediente, cumplida y más aun la que daría la cara por los demás, por lo que yo me esforzaba en ser la mejor, siempre cumpliendo las tareas que me asignaban al regresar de la escuela, aún tenía que atender el negocio, lo único que deseaba era desaparecer en los libros y las tareas hasta el punto que llegaran a ser mi salvación…..

Foto de los cuatro hermanos ya de adultos
o sea los hermanos de mi madre

Mi bella madre, mi ídolo y mi todo...Bjørg

Bjørg Synnøve Irene Steffensen de Escalante murió el 6 de noviembre de 2019, en Guayaquil, Ecuador. El país que le dio todo, las sonrisas y las tristezas, sus hijos, tanto los que perdió y como los que mantuvo, y sus dos matrimonios fallidos. Pero pese a todo ese dolor inconsciente o no, ella me enseñó a ser fuerte y a no dejarme pisotear como a ella le había pasado, porque quizás le falto apoyo de los que la rodeaban, no lo sé.

Pero lo que sí sé, es que me inculcó el amor a Dios. Su fe nunca desfalleció, y forjo en mí una vida llena de experiencias, no digo malas ni buenas, solo experiencias, que me han hecho la persona que hoy soy.

Gracias por darme la vida mamá. Cuando todo se te iba en tu contra, cuando hubiese sido más fácil terminar el embarazo, como así te lo habían aconsejado, gracias por escuchar la voz de Dios, y saber en tu interior, que Él ya tenía un plan trazado para mi vida como el telegrama que le enviaste a papá cuando nací "Nació hermosa criatura" y que fuiste tú que permitió que eso sucediera.

¡Gracias y mil veces gracias, mamá!

Descansa en paz, hoy tu sueño se cumplió.

ACERCA DE LA AUTORA

Ada Yolanda Escalante Steffensen, nació en Santa Cruz, Galápagos Ecuador, el 13 de marzo 1963.

De madre noruega y padre ecuatoriano, vivió en San Cristóbal, Galápagos hasta los 14 años, inmigrando primero a Guayaquil y luego a Oslo, Noruega, desde hace ya 40 años.

Es madre de dos hermosas hijas Laura de 37 años y la campeona de patinaje Zarah Abigail. Está casada con Oscar González de nacionalidad chilena. Trabajó de contadora por el lapso de 25 años.

El deseo de escribir este libro nace a raíz de la muerte de su madre. Queriendo dar un homenaje póstumo, descubrió una habilidad hasta este momento desconocida. De ahora en adelante se abre una nueva etapa, para poder transmitir los sentimientos y emociones que tocan el alma y el espíritu.

Made in the USA
Middletown, DE
23 October 2021